Wenn Sie etwas erreichen möchten, das Sie noch nie erreicht haben – dann müssen Sie etwas tun, das Sie noch nie getan haben!

In 4 einfachen Schritten erfolgre**ich** im Leben!

ARBEITSHANDBUCH

Robert Hess

WWW.JETZT-MEIN-NEUES-LEBEN.DE

2. Auflage 2016
Titel der 1. Auflage: „In 4 einfachen Schritten erfolgreich! Arbeitshandbuch"

© 2015 by author:
Robert Hess
Saulgauer Straße 9
89079 Ulm
Germany
www.jetzt-mein-neues-Leben.de

Alle Rechte vorbehalten. Kein Teil des Werks darf in irgendeiner Form (Druck, Fotokopie, Mikrofilm oder in einem anderen Verfahren) ohne schriftliche Genehmigung des Autors reproduziert oder unter Verwendung elektronischer Systeme verarbeitet, vervielfältigt oder verbreitet werden.

Die Ratschläge in diesem Buch wurden vom Autor sorgfältig erwogen und geprüft, dennoch sind alle Angaben ohne Gewähr, und es kann keine Garantie übernommen werden. Eine Haftung des Autors und seiner Beauftragten für Personen-, Sach- und Vermögensschäden ist ausgeschlossen.

Titelfoto: © frenta/fotolia.com
Titelgestaltung, Lektorat und Layout:
Bernhard Edlmann Verlagsdienstleistungen, Raubling

Herstellung und Verlag: BoD – Books on Demand, Norderstedt

ISBN: 978-3-7392-1961-5

Inhalt

Erfolg – individuell 6

1. Schritt: **Planung**
Leben bewusst gestalten 8
   1.1 Ein Ziel ins Auge fassen 8
   1.2 Die Entscheidung treffen 10
   1.3 Sofort beginnen! 11
   1.4 Verantwortung übernehmen 11

2. Schritt: **Vorbereitung**
Zielgerichtetes Denken 12
   2.1 Gedankenhygiene 12
   2.2 Visualisieren (Veranschaulichen – Sichtbarmachen) ... 13
   2.3 Affirmationen (Bejahung, Zustimmung) –
       Inkantationen (Bezauberung, Beschwörung) 14
   2.4 Nur auf das konzentrieren, was Sie haben möchten ... 15

3. Schritt: **Durchführung**
Zielgerichtetes Handeln 17
   3.1 Was mache ich NICHT mehr? (Aktivitätenhygiene) 17
   3.2 Neue Aktivitäten bestimmen 18
   3.3 Wirkungsvolles Handeln 19
   3.4 Tagwerk erledigen! 19

4. Schritt: **Abschluss**
Veränderungsprozess 21
   4.1 Tägliche Kontrolle! 23
   4.2 Tägliche Reflexion! 23
   4.3 Veränderungen durchführen! 23
   4.4 Neue Überzeugungen/Glaubenssätze erschaffen 24

33-Tagesprogramm 25

WWW.JETZT-MEIN-NEUES-LEBEN.DE

Erfolg – individuell

Es ist schon einige Jahre her, dass ich auf einem Seminar zum ersten Mal den Satz hörte: Um erfolgreich zu werden, brauchst du die richtige Einstellung. Übrigens eine Tatsache, die man immer wieder bestätigt findet, wenn man sich mit der Biographie eines beliebigen erfolgreichen Menschen beschäftigt.

Ich kann mich noch gut daran erinnern, dass für mich damals sofort klar war: Die richtige Einstellung, die habe ich! ☺
Als eher aktiver, entscheidungsfreudiger Typ kam ich nicht einmal auf die Idee, meine Einstellung zu hinterfragen. Denn es lief ja gut bei mir und ich verdiente ordentliches Geld. Da war es doch gar nicht nötig, mir weitere Gedanken darüber zu machen?! Ich feierte einen Erfolg nach dem anderen, das war für mich das Zeichen, dass meine Einstellung nicht falsch sein konnte!

Es funktionierte also – allerdings nur bis ich eine gewisse Einkommensgrenze erreicht hatte. Dann kam ein Punkt, an dem mehr nicht möglich schien. Damit wollte ich mich allerdings nicht zufriedengeben und machte mich auf die Suche. Ich habe viel, viel ausprobiert, viele Bücher gelesen, Seminare besucht – und ich habe dabei viel gelernt, keine Frage! Dennoch wollte keine einzelne Strategie so richtig funktionieren.

Bis ich etwas erkannte: nämlich dass das Entscheidende eine ganzheitliche Sicht der Dinge ist. Ich hatte gelernt, bei allem, was ich tat, dankbar zu sein – dankbar dafür, wie weit ich bereits gekommen war. Und ich begann mich immer mehr an Menschen zu orientieren, die bestimmte Ziele, die ich mir setzte, schon erreicht hatten.
So kam ich wieder zurück zu der Frage: Was war nun die richtige Einstellung? Ich war jetzt bereit, meine eigene Haltung auf den Prüfstand zu stellen: Was musste ich ändern, was musste ich noch lernen?!

An dieser Stelle frage ich Sie: Haben Sie eine Antwort? Ich gebe zu, ich hatte keine – und so fragte ich Menschen, die mehr verdienten als ich, nach der richtigen Einstellung. Ganz egal, zu welchem Anlass und wo ich mit solchen Persönlichkeiten sprechen konnte, ich konfrontierte sie immer ziemlich genau mit der gleichen Frage, nämlich: „Ich hätte mal eine Frage an Sie: Was ist aus Ihrer Sicht die Einstellung, die ein Mensch haben muss, um erfolgreich zu werden? Welche drei Maximen muss er befolgen, oder welche drei Eigenschaften braucht er dazu?

Zum einen war ich positiv überrascht, wie offen jeder und jede Einzelne von diesen Menschen darüber berichtete. Zum anderen war ich auch erstaunt, wie selten es in ihren Antworten echte Übereinstimmungen gab. Sicherlich ähnelten sich manche Aussagen, aber ich erlebte keinen einzigen Fall, in dem zwei Antworten absolut gleich gewesen wären.

Ich setzte meine Aktivitäten fort und befragte weitere Personen – mit dem gleichen Ergebnis: keine exakte Übereinstimmung.

Ich zweifle nicht daran, dass alle Aussagen, die ich erhielt, zu hundert Prozent gestimmt haben. Die Erfolge der Menschen, mit denen ich sprach, bestätigen das.
Mir wurde aber klar, dass die richtige Einstellung etwas sehr Individuelles ist. Damit meine ich nicht nur, dass unterschiedliche Personen auf unterschiedliche Weise zum Erfolg kommen. Was die richtige Einstellung ist, wird auch durch das Ziel bestimmt, das man verfolgt.

Auf dieser Erkenntnis beruht die Strategie für den Erfolg, die ich Ihnen in diesem Buch präsentiere.
Sie erfahren, wie Sie in 4 einfachen Schritten für sich und Ihr persönliches Ziel die richtige Einstellung finden und sich eine „maßgeschneiderte" Strategie dazu erstellen können.
Eine Strategie, mit der Sie jedes Ziel, das Sie sich vornehmen, erreichen werden.

1. Schritt

Planung

Leben bewusst gestalten

1.1 Ein Ziel ins Auge fassen

Sie haben es sicher schon einmal gehört: Eines der wichtigsten Dinge, die Sie im Leben brauchen, ist ein Ziel!

Das ist eigentlich kein Geheimnis. Nur leider nehmen sich viele diese Erkenntnis nicht zu Herzen. Die wenigsten Menschen haben ein detailliertes Ziel. Ein großer, aber ein vermeidbarer Fehler!

Sie müssen sich bewusst machen: Je genauer Ihre Vorstellung von Ihrem Ziel ist, je präziser Sie wissen, wo Sie hinmöchten und was Sie erreichen wollen, umso größer die Chance, dass es mit der Zielerreichung auch klappt.
Man könnte allein mit diesem Thema Hunderte Seiten füllen. Es gibt auch richtig gute Bücher zu diesem Thema. Wir beschränken uns hier auf eine kleine Hilfestellung, wie Sie Ihr konkretes persönliches Ziel finden können – sofern das nötig ist (vielleicht besitzen Sie ja bereits eine ganz klare Zielvorstellung).

Nehmen Sie sich jetzt einige Minuten Zeit und schreiben Sie mindestens zehn Dinge auf, die Sie in Ihrem Leben erreichen möchten.

Versuchen Sie dabei nicht klein zu denken, sondern lassen Sie Ihrem Geist freien Lauf. Machen Sie sich klar: Die einzige Person, die Sie in Ihren Möglichkeiten beschränken kann, sind Sie selbst.

„Beurteile deine Möglichkeiten niemals danach,
was deine Augen sehen,
sondern danach,
was dein Geist sich vorstellen kann"

---

1. _____

2. _____

3. _____

4. _____

5. _____

6. _____

7. _____

8. _____

9. _____

10. _____

Nun suchen Sie sich das Ziel aus, das Ihr Leben in kürzester Zeit am positivsten verändern würde. Beispielsweise dass Sie Ihr Jahreseinkommen verdoppeln oder dass Ihnen die Summe, die Ihr aktuelles Jahreseinkommen ausmacht, mittelfristig monatlich zu Verfügung steht.

Sie sollten an dieser Stelle so präzise wie möglich werden. Beschreiben Sie Ihr Ziel ganz exakt. Wenn es z. B. um ein Einkommensziel geht, verwenden Sie die genauen Zahlen und setzen Sie auch die Währungseinheit dazu. Legen Sie den Tag fest, an dem Sie Ihr Ziel erreicht haben werden.

Achten Sie bitte darauf, dass durch Ihre Zielerreichung kein anderer Schaden erleidet.

Dieses Ziel – egal was es auch ist – stellt nun Ihr Hauptziel dar. Schreiben Sie es hier in diese Zeilen:

Mein Hauptziel ist: _____

Ich habe mein Hauptziel am _____ **erreicht!**

1.2 Die Entscheidung treffen

Nun haben Sie Ihr Ziel schwarz auf weiß vor sich. Damit ist es an der Zeit, dass Sie sich entscheiden.

Sehen Sie sich Ihr Hauptziel noch einmal an.
- Wie fühlt es sich an, wenn Sie sich vorstellen, Sie hätten es bereits erreicht?
- Wie würde sich Ihr Leben dann positiv verändern?
- Worauf würden Sie Ihr Leben lang verzichten, wenn Sie das Ziel nicht erreichen? Welche Vorwürfe würden Sie sich machen?

Versetzen Sie sich geistig ganz in diese Situationen hinein, stellen Sie sich alles bildlich vor. Wägen Sie ab – und treffen Sie eine Entscheidung für oder gegen das Ziel.

Sollten Sie sich jetzt gegen das Ziel entscheiden, war es nicht Ihr „echtes" Hauptziel. Gehen Sie dann einen Schritt zurück, bestimmen Sie ein neues Hauptziel und wiederholen Sie den beschriebenen Prozess.

Wenn Sie sich aber dafür entschieden haben, dann ist das wesentlich mehr als ein „Ja, okay, dann mach ich's eben". Vielmehr ist es eine Verpflichtung Ihnen selbst gegenüber.

Sobald Sie sich für das Ziel entschieden haben, haben Sie es bereits erreicht! – Jedenfalls in der geistigen Dimension erreicht, und es ist nur noch eine Frage der Zeit, wann es sich auch in der materiellen Dimension – der Welt – verwirklicht.

Grundvoraussetzung hierfür ist, dass Sie bereit sind, alles Notwendige für die Zielerreichung zu tun. Das ist in dieser Phase nicht ganz einfach, weil Sie noch gar nicht wissen, was alles auf Sie zukommt. Dennoch müssen Sie ohne Wenn und Aber mit all Ihren Kräften an Ihrem Ziel arbeiten.
Vergessen Sie nicht: Es gibt kein Scheitern, die Brücke zurück besteht nicht mehr. Sie müssen nur noch den Preis für das Erreichen Ihres Zieles bezahlen.

1.3 Sofort beginnen!

Sie haben es sicher schon bemerkt: Es besteht ein direkter Zusammenhang zwischen der Art, wie wir unsere Zeit nutzen, und unserer Lebensqualität.

Ein Tag, ein Monat oder ein Jahr sind für jeden gleich lang. Wir haben in diesem Zeitraum alle gleich viel Stunden, Minuten und Sekunden zur Verfügung. Und genauso ist für uns alle die Lebenszeit begrenzt. Entscheidend ist, was wir mit unserer Zeit anfangen was wir dabei erreichen, welche Ziele wir verwirklichen und was wir erleben, wie lange wir das erreichte Ziel genießen können.

An dieser Stelle sollte Ihnen klar geworden sein, dass Sie mit dem, was Sie sich vorgenommen haben, am besten sofort beginnen – nicht morgen, nicht nächsten Monat oder gar erst nächstes Jahr.
Fangen Sie sofort damit an, Ihr Ziel zu verwirklichen.

1.4 Verantwortung übernehmen

Für Dinge, die man richtig toll gemacht hat, übernimmt man gerne die Verantwortung. Bei Dingen, die nicht so gut laufen, liegt der Fall oft ein wenig anders.

Für Sie sollte ab sofort gelten: Egal was in Zukunft passieren wird – Sie werden die volle Verantwortung dafür übernehmen. Nicht Ihre Eltern, Ihr Partner, Ihr Chef, Ihr Mentor, die Wirtschaftslage, Ihre Kunden oder Ihre Mitarbeiter.
Auch nicht Ihre Oma oder Ihr Hamster sind für Ihren Erfolg verantwortlich – das sind einzig und allein Sie selbst. Verbannen Sie den Gedanken, dass Ihr Erfolg von irgendjemandem abhängig wäre, komplett aus Ihrem Gehirn.

Es gibt für alles eine Lösung. Wenn Sie auf eine Herausforderung treffen, dann analysieren sie diese und lösen sie. Haben Sie keine Scheu, Ihre Vorgehensweisen immer wieder zu verändern, bis sie den gewünschten Erfolg bringen.
Und wenn Sie alleine nicht weiterkommen, dann holen Sie sich Unterstützung – aber auf keinen Fall zu dem Zweck, um in Zukunft wieder einen anderen Menschen zu haben, den Sie für Ihre Situation verantwortlich machen können!

2. Schritt

Vorbereitung

Zielgerichtetes Denken

2.1 Gedankenhygiene

Was für ein Wort! Aber es beschreibt recht treffend, worauf Sie achten sollten.

Es gibt Studien, wonach unser Gehirn täglich rund 60 000 Gedanken zuwege bringt. Nur leider sind die meisten davon negativ. Nun hat aber selbst der kleinste Gedanke eine Energie, die auf uns wirkt. Negative Gedanken belasten also unser Hirn mit negativer Energie, und damit wird klar, dass hier Handlungsbedarf besteht. Denn negative Energie zieht wieder negative an – und somit bauen Sie auf diese Weise ungewollt Hürden auf, die, wenn man sie nicht unter Kontrolle bringt, zum Scheitern führen können.

Konkret gesprochen: Falls Sie denken „Das schaffe ich sowieso nicht" oder „Dieses Ziel ist für mich unerreichbar", dann werden Sie recht behalten. Dabei spielt es keine Rolle, dass der Gedanke vielleicht zunächst gar nicht Ihr eigener war und z. B. jemand aus Ihrem Umfeld Ihnen einreden wollte, dass Sie es nicht schaffen.

Sie müssen sich bewusst machen, dass alles, was Sie bis jetzt erreicht haben oder noch erreichen werden, durch Ihr Denken verursacht wurde, gemäß der Formel:

Gedanken ⇨ Gefühle ⇨ Handlungen ⇨ Ergebnisse

Gedanken erzeugen Gefühle, Gefühle erzeugen Handlungen, und Handlungen erzeugen Ergebnisse.

Wenn Sie mit Ihren bisherigen Ergebnissen nicht zufrieden sind, dann müssen Sie Ihre Gedanken verändern. Sie können bestimmen, was Sie denken – auch wenn das bei 60 000 Gedanken wie eine unlösbare Aufgabe erscheint.

Als ersten Schritt, um eine Verbesserung herbeizuführen, empfehle ich Ihnen: Achten Sie auf Ihre Gefühle. Wir haben gelernt, dass Gedanken Gefühle erzeugen. Wenn Sie sich gut fühlen, können Sie demnach nichts Negatives gedacht haben. Denn unser Gehirn ist nicht in der Lage, zwei Gedanken gleichzeitig zu denken. Sie können also immer nur entweder einen positiven oder einen negativen Gedanken haben.

Achten Sie also in Zukunft auf Ihre Gefühle. Ziehen Sie dann die Konsequenzen daraus und vermeiden Sie alles, was Ihnen schlechte Gefühle bereitet – ob das nun bestimmte Nachrichten, bestimmte Personen, bestimmte Verhaltensweisen oder was auch immer sind.

2.2 Visualisieren
(Veranschaulichen – Sichtbarmachen)

An dieser Stelle ein Hinweis, den Sie sehr ernst nehmen sollten: Jeder Schritt in diesem Arbeitsbuch ist wichtig. Sie dürfen keinen auslassen, wenn Sie wirklich Erfolg haben möchten.
Das gilt auch und ganz besonders für diesen Schritt: Für Visualisieren und Affirmationen/Inkantationen (unser nächster Punkt) sollten Sie sich *täglich* genug Zeit nehmen – da Sie ja etwas verändern wollen, werden Ihnen diese Schritte sehr helfen. Sie werden ausschlaggebend dafür sein, wie schnell bei Ihnen die Veränderung sichtbar wird.

Sicher ist: Wir erreichen nur das, was sich unser Gehirn vorstellen kann. Unsere bisherigen Ergebnisse sind das Resultat dessen, was wir uns in der Vergangenheit vorgestellt haben.

Ein neues Ziel ist für uns nur so lange eine Herausforderung, bis wir sehen: Es funktioniert. Jeder von uns kennt das. Nehmen wir ganz einfache Beispiele: Auto fahren oder sich auf eine Arbeitsstelle bewerben, das wurde für uns selbstverständlich, sobald wir es einmal praktiziert und erlebt hatten.

Doch jetzt kommt das Geniale daran: Unser Gehirn kann nicht unterscheiden, ob wir uns etwas nur vorstellen oder tatsächlich erlebt haben. Das macht das Visualisieren so wichtig für uns. Wenn wir uns nun täglich eine Situation immer und immer wieder vorstellen, wird es unser Gehirn so empfinden, als ob wir es tatsächlich bereits erlebt hätten. Ab diesem Moment wird unser Unterbewusstsein alles unternehmen, damit aus der Vorstellung Realität wird.

Deshalb sollten Sie täglich mindestens dreißig Minuten Ihr Ziel visualisieren.
Versetzen Sie sich voll und ganz in die Situation hinein. Erleben Sie, wie es sich anfühlt, wenn Sie Ihr Ziel erreicht haben. Erstellen Sie eine Zielcollage und hängen Sie sie dort auf, wo Sie am häufigsten hinsehen. Oder verwenden Sie Ihre Zielcollage als Hintergrund für Ihren Desktop. Lassen Sie sich, wenn möglich, stündlich daran erinnern. Machen Sie kleine Kopien davon und legen Sie sie an allen wichtigen Stellen in Ihrer Wohnung und Ihrem Büro aus, bis Ihr Ziel überall präsent ist.

2.3 Affirmationen (Bejahung, Zustimmung) – Inkantationen (Bezauberung, Beschwörung)

Auch die Affirmation sollten Sie täglich durchführen. Gemeint ist damit, dass Sie sich selbst positiv zureden – in dem Sinne eines „Ich schaffe das" bzw. „Ich habe die nötigen Eigenschaften und Voraussetzungen und die richtige Einstellung, um es zu schaffen".
Empfehlenswert sind mindestens fünfzig affirmierende Aussagen am Tag (natürlich dürfen es auch doppelt oder dreimal so viele sein). Besser noch sind Inkantationen. Das ist im Prinzip etwas Ähnliches wie Affirmationen, nur mit sehr viel mehr Emotion vorgetragen. Sprechen Sie sich diese Inkantationen selbst laut vor (aber auch wenn sie das nur in Gedanken tun, wirkt es!).

Falls sich das nun für den einen oder die andere ungewohnt anfühlt und er oder sie nichts damit anfangen kann, möchte ich Sie kurz über den Sinn der Übung aufklären. Nehmen wir an, Ihr Hauptziel ist, doppelt so viel zu verdienen wie bisher. Erreichbar wäre dieses Ziel etwa, indem Sie doppelt so viele Kunden gewinnen.
Doch an diesem Punkt wird sich vermutlich Ihr Gehirn einschalten und versuchen, Ihnen klarzumachen: „Doppelt so viele Kunden wie bisher? Das schaffst du nie, du arbeitest jetzt schon zwölf Stunden am Tag. Außerdem gibt das der Markt gar nicht her ..." – und so weiter.

An diesem Punkt brauchen Sie etwas, mit dem Sie dagegenhalten können, und zwar genau in dem Moment, in dem Ihr Gehirn unkontrolliert losschlagen will. Nun können Sie den Vorgang mit einem entschiedenen „Stopp!" abbrechen, das Sie laut oder in Gedanken aussprechen.

Und hier kommen Ihre Inkantationen ins Spiel. Sie sprechen sich z. B. vor: „Ich bin voller Freude und Dankbarkeit, dass ich ein Kunden-/Mandantenmagnet bin und Kunden/Mandanten im Überfluss habe. Ich bin voller Freude und Dankbarkeit, dass ich ein Kunden-/Mandantenmagnet bin und Kunden/Mandanten im Überfluss habe. Ich bin voller Freude …" Und so weiter, und so fort. So lange, bis Sie sich wieder gut fühlen.

Dann passiert nämlich Folgendes: Auch hier wird Ihr Unterbewusstsein alle Reserven mobilisieren, damit Sie Ihr Ziel erreichen, und Sie werden Wege und Möglichkeiten finden, damit es für Sie Realität wird.

Erstellen Sie für Ihre fünf stärksten Potenziale jeweils eine Affirmation/Inkantation, die Sie bei Bedarf oder einfach „zur Stärkung zwischendurch" einsetzen können.

2.4 Nur auf das konzentrieren, was Sie haben möchten

Nun kommt ein Schritt, der Ihnen nach einer gewissen Zeit des Übens sicher sehr leichtfallen wird.

Die meisten Menschen konzentrieren sich erfahrungsgemäß viel zu sehr auf Dinge, die sie nicht haben möchten. Und sie wundern sich dann, wenn genau diese Dinge dann in ihr Leben treten.

Ein Beispiel: Sie stehen vor einer Herausforderung, mit der Sie eigentlich fertig werden wollen. Aber Sie betreiben jetzt ständig eine negative Inkantation: „Ich schaffe das nicht, ich schaffe das bestimmt nicht" oder „Das ist viel zu schwierig für mich" … Je mehr Emotion Sie hier einbringen, umso wahrscheinlicher ist, dass Sie an der Aufgabe scheitern. Sie müssen diese negative Inkantation sofort in eine positive umwandeln. Sonst sitzen Sie in der negativen Gedankenspirale fest, fühlen sich schlecht, sind unzufrieden.

Ihnen sollte klar sein, dass eine negative Emotion nicht „einfach so" entsteht. Sie selbst erschaffen sie

1. durch Ihre Physiologie (Körperhaltung, Körpereinsatz),
2. dadurch, was Sie denken und wie Sie etwas sagen und vor allem dadurch, wie Sie mit sich selbst sprechen, und
3. durch Ihren Glauben.

Und jetzt ist es ganz einfach, wie Sie aus der Sache herauskommen:

1. Nehmen Sie in Zukunft immer eine positive Körperhaltung ein.

2. Achten Sie auf das, was Sie sagen oder denken.
   Hier wiederum ein Beispiel: Wenn Ihnen etwas nicht gelingt, sollten Sie sich *nicht* fragen: „Warum gelingt mir das nicht?" oder „Warum passiert immer mir so etwas?" – Egal was Sie sich hier selbst für eine Antwort geben, sie kann gar nicht positiv sein!
   Sie sollten stattdessen fragen:
   - „Was habe ich aus dieser Situation gelernt?" oder
   - „Was bringt mir die Erkenntnis aus dieser Situation für die Zukunft für Vorteile?"
   – oder Ähnliches.
   Bitte beachten Sie: Die Qualität der Antworten, die Sie erhalten, steht im direkten Zusammenhang mit der Qualität der Fragen, die Sie stellen.

3. Glauben Sie an Ihren Erfolg.

Auf diese Weise wird es Ihnen immer leichter fallen, sich nur noch auf das zu konzentrieren, was Sie haben oder erleben möchten.
Denken Sie an den Spruch: Der dumme Mensch will Rache – der weise Mensch vergibt – und der intelligente Mensch ignoriert.
Richten Sie Ihren Fokus ganz und gar auf das, was Sie erreichen möchten, und investieren Sie in Zukunft keine Energie mehr in das, was Sie nicht möchten.

3. Schritt

Durchführung

Zielgerichtetes Handeln

3.1 Was mache ich NICHT mehr? (Aktivitätenhygiene)

Jeder Mensch hat ein bestimmtes Potenzial, das ihm zur Verfügung steht. Das gilt auch, wenn man seinen Arbeitstag betrachtet.

Gehen wir beispielsweise davon aus, eine bestimmte Person – nennen wir sie Helmut – hat ein Tagespotenzial von zwanzig Aufgaben. Diese Aufgaben kann Helmut an einem Tag mit seiner ganzen Energie und mit gutem Ergebnis erledigen.
Nun hört er auf einem Seminar, es sei sinnvoll, bestimmte Dinge fest in seinen Tagesablauf einzubauen. Er ist von diesen Ratschlägen sehr angetan und möchten sie in seinen Alltag übernehmen.
Nehmen wir nun einmal an, Helmut hatte bisher noch nie etwas davon umgesetzt und es handelt sich um Aufgaben, die ein Potenzial von 6 benötigen. Er sollte dann nicht den Fehler machen und diese Aufgaben einfach zusätzlich auf sich nehmen. Er hätte dann plötzlich 26 Aufgaben zu bewältigen, während sein Potenzial eben nur bei 20 liegt.

Vielleicht kennen Sie Fälle von Menschen, die so vorgegangen sind. Die vielleicht nach ein oder zwei Jahren völlig ausgebrannt waren und im schlimmsten Fall sogar gesundheitliche Konsequenzen erleiden mussten. Oder die nach kurzer Zeit – vielleicht schon nach ein paar Tagen – ihre guten Vorsätze wieder vergessen hatten, weil der Energieaufwand einfach zu hoch war. Mit dem Ergebnis, dass alles beim Alten blieb.

So sollten Sie nicht vorgehen, wenn Sie eine nachhaltige Veränderung bewirken wollen.
Als Erstes sollten Sie sich die Frage stellen, welche Aufgaben Sie künftig nicht mehr erledigen möchten. Es ist allgemein bekannt,

dass jeder Mensch eine Menge Dinge tut, die nicht hilfreich sind oder ihn stören. Analysieren Sie, was das bei Ihnen ist, und schreiben Sie es nieder. Verpflichten Sie sich darauf, diese Dinge, auf die Sie ohne Schaden (oder vielleicht sogar mit Gewinn) verzichten (oder sie delegieren) können, in Zukunft einfach sein zu lassen. So schaffen Sie Raum und Kapazität für neue Aktivitäten.

> *„Halten Sie nicht*
> *mit einer Hand die Vergangenheit fest,*
> *Sie brauchen beide Hände für die Zukunft"*

3.2 Neue Aktivitäten bestimmen

Dieser Punkt ergibt sich aus dem vorigen. Sie haben nun Potenzial geschaffen, um neue Aufgaben annehmen und diese langfristig und nachhaltig umsetzen zu können. Legen Sie also für sich fest, welche Aufgaben das sind.

Fragen Sie sich, welche Aufgaben Sie täglich erledigen müssen, um Ihr Ziel zu erreichen. Wenn Sie z. B. Verkäufer sind und eine bestimmte Anzahl von Produkten im Monat verkaufen müssen, dann errechnen Sie, wie viel davon Sie in der Woche und wie viel an einem Werktag verkaufen müssen, um Ihr Ziel zu erreichen.
Ich empfehle Ihnen, alle Ihre Vorhaben auf den Tag herunterzubrechen, damit Sie Ihre Tagesaufgaben in allen Bereichen kennen. Man nennt das Tagwerk. Der Begriff kommt aus der Landwirtschaft, und die Vorgehensweise hat sich schon seit Jahrhunderten bewährt.

Legen Sie so alle Ihre neuen Aufgaben fest, bis Sie Ihr Tagespotenzial wieder aufgefüllt haben. Vielleicht stellen Sie auch fest, dass Sie mit den Aufgaben, die für Ihre Zielerreichung nötig sind, das Tagespotenzial überreizen. Haben Sie dann keine Scheu, zu korrigieren und Punkt 3.1 noch einmal zu wiederholen.

Wählen Sie die neuen Aufgaben immer mit sorgfältiger Überlegung, denn sie werden Ihr Leben verändern.

3.3 Wirkungsvolles Handeln

Es gibt leider viele Menschen, deren Handeln wenig wirkungsvoll bleibt. Sie lassen sich ständig von Arbeitskollegen, Nachrichten in Social Media, eigenen Bedürfnissen oder wovon auch immer ablenken. Mit dem Ergebnis, dass sie dann zwar den ganzen Tag aktiv waren, aber doch kein nennenswertes oder nur ein schlechtes Ergebnis erzielen, dass sie unzufrieden und enttäuscht sind. Dadurch rückt das Erreichen ihrer Ziele in weite Ferne.

Achten Sie also von nun an darauf, dass Sie immer wirkungsvoll handeln, wenn es um die Erreichung Ihrer Ziele geht.
Was ist wirkungsvolles Handeln? – Sie legen ein Zeitfenster fest, in dem Sie an Ihren Zielen arbeiten, ob in Ihrem Büro, in Ihrer Kanzlei, daheim oder wo auch immer. Dann sorgen Sie dafür, dass Sie in dieser Zeit nicht gestört werden – von niemandem! Konzentrieren Sie sich einzig und allein auf Ihre Aufgabe, und zwar zu hundert Prozent. Gehen Sie ganz darin auf! Sie werden von der Effektivität, die Sie auf diese Weise entwickeln, überrascht sein.

3.4 Tagwerk erledigen!

Nachdem Sie in Punkt 3.2 Ihr Tagwerk festgelegt haben, verpflichten Sie sich nun an dieser Stelle, es regelmäßig zu erledigen.
Weil es so wichtig ist, wiederhole ich es gerne noch einmal: Sie müssen jeden Tag Ihr Pensum erledigen, es gibt hier keine Entschuldigung und keine Abkürzung. Sie haben es in der Hand, es liegt alles an Ihnen und an dieser Verpflichtung. Setzen Sie diesen Punkt nachhaltig und strukturiert um, und Sie werden alles erreichen können.

Bedenken Sie: Jede Abweichung kann einschneidende Folgen haben, was die Erreichung Ihres Zieles betrifft. Ein Beispiel: Sie haben sich vorgenommen, sich drei Stunden am Tag einer bestimmten Aktivität zu widmen. Wenn Sie nun jeden Tag nur zehn Minuten weniger arbeiten (was ja nicht wirklich viel ist), dann fehlen Ihnen (bei einer Sechstagewoche) nach einem Jahr gut 3000 Minuten, also über fünfzig Stunden und damit das Pensum von rund drei Wochen!
Die gute Nachricht ist, dass Sie das alles selbst verändern können, indem Sie sich verpflichten, Ihr Tagwerk regelmäßig und pünktlich zu erledigen, egal welche Herausforderungen sich auftun.

Ich, _____, verpflichte mich, meine täglichen Aufgaben (Tagwerk):

_____

_____

_____

_____

_____

_____

zu erledigen.

Mein Arbeitstag endet erst, wenn ich diese Aufgaben zu Ende gebracht habe.

_____   _____
(Ort, Datum)   (Unterschrift)

4. Schritt
Abschluss

Veränderungsprozess

Wir sind nun beim vierten Schritt angekommen. Ich nenne ihn Abschluss, denn hier gilt das Gleiche wie auch sonst im täglichen Leben und im Geschäftsleben: Sie können die beste Planung haben, sich optimal vorbereiten, eine sensationelle Durchführung absolvieren – wenn Sie nicht abschließen, war alles umsonst. Sie erhalten keinen Gegenwert für die Leistung, die Sie erbracht haben. Nicht einen reduzierten Gegenwert, nicht die Hälfte oder ein wenig – Sie erhalten absolut nichts. Genauso verhält es sich auch bei diesen vier Schritten, beim Erreichen Ihrer Ziele. Sie müssen abschließen und sich einem Veränderungsprozess unterwerfen, um andere Ergebnisse zu erhalten.

Ich möchte Ihnen noch einen anderen guten Grund präsentieren, warum Sie in Zukunft so arbeiten sollten. Ein Veränderungsprozess wird immer entweder durch ein sehr starkes emotionales Erlebnis oder durch ständige Wiederholung eingeleitet. Eine Erfolgskurve sieht normalerweise wie folgt aus:

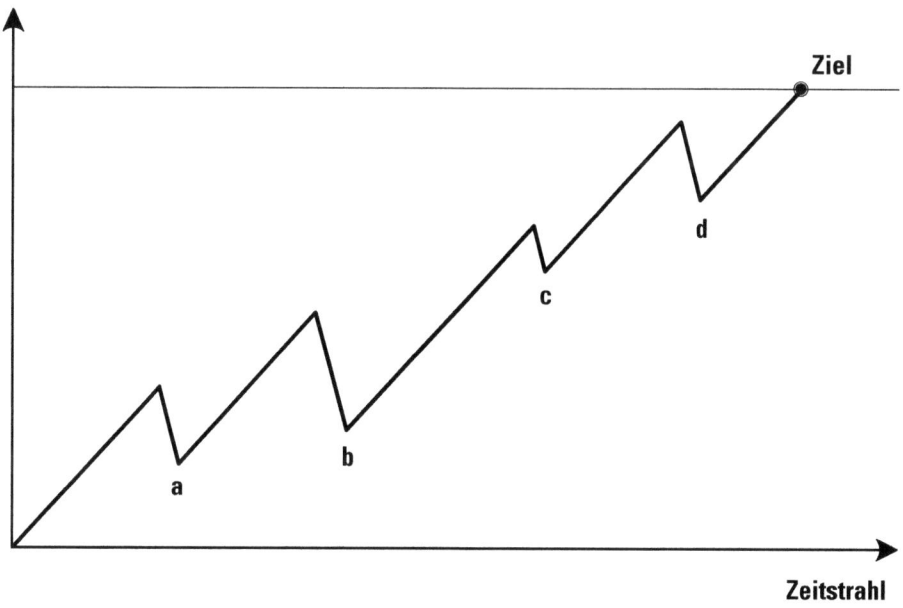

Sie können hier erkennen, dass es nicht immer geradeaus nach oben geht. Tiefschläge – ich habe sie in der Grafik mit a, b, c und d markiert – gehören dazu. Diese Tiefschläge kommen z. B. dadurch zustande, dass man sich zu lange in die falsche Richtung bewegt und sein Handeln erst dann verändert hat, als man irgendeine schmerzhafte Erfahrung machen musste.

Der springende Punkt ist nun folgender: So ein Tiefschlag kostet in der Regel sehr viel Kraft, psychisch und je nach Situation möglicherweise auch physisch. Nicht jeder bringt die Energie auf, danach weiterzumachen. Beim ersten Mal kann es noch gut gehen, doch vielleicht wirft man beim zweiten, beim dritten oder sogar erst beim vierten Tiefschlag – schon kurz vor dem Ziel – das Handtuch.

Das heißt: Wer eine solche „normale" Erfolgskurve durchläuft, bei dem ist die Gefahr, dass er aufgibt und sein Ziel nicht erreicht, stark erhöht (wenn Sie Verantwortung für Mitarbeiter haben, werden Sie wahrscheinlich die Erfahrung machen, dass Sie auf diesem Weg sehr viele Ihrer Teammitglieder verlieren).

Die Lösung sieht folgendermaßen aus: Durch die tägliche Arbeit an Ihren Zielen leiten Sie eine kontinuierliche Veränderung Ihres Handelns ein. Das eröffnet Ihnen die Chance, dass Ihre Erfolgskurve in Zukunft so aussieht:

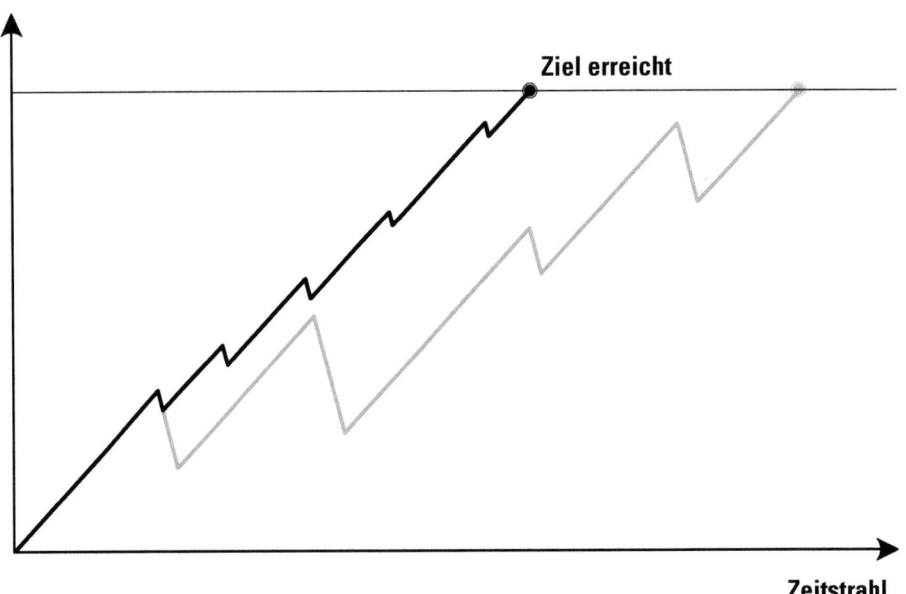

Hier habe ich die „klassische Erfolgskurve" grau dargestellt. Die Vorteile der von mir empfohlenen Strategie kann man auf den ersten Blick erkennen.

Natürlich wird auch jetzt nicht immer alles so laufen, wie Sie es sich vorstellen – wobei ich glaube, das wäre mit der Zeit auch ganz schön langweilig.☺ Aber Sie können durch diese Vorgehensweise die schmerzhaften Tiefschläge verhindern. Und Sie werden dadurch Ihr Ziel schneller erreichen.

4.1 Tägliche Kontrolle!
Sie müssen die Leistung, die Sie erbracht haben, täglich kontrollieren. Schreiben Sie auf, was Sie an dem jeweiligen Tag alles getan und erreicht haben, was Sie Ihrem Ziel näher bringt, und überprüfen Sie Ihr Tagwerk. Hier verwenden Sie am besten das 33-Tagesprogramm (ab Seite 25).
Sie sollten diesen Punkt nicht als notwendiges Übel betrachten. Sehen Sie Ihn als Garant Ihres Erfolges, als tägliche Bestätigung, dass Sie alles erreichen können, was Sie sich vornehmen.

4.2 Tägliche Reflexion!
Außerdem ist es wichtig, dass Sie sich klarmachen, was Sie an dem jeweiligen Tag richtig gut gemacht haben. Schreiben Sie auch das auf, loben Sie sich und seien Sie stolz auf sich. Rufen Sie sich immer wieder ins Bewusstsein, dass jeder Ihrer täglichen Schritte ein Schritt hin auf Ihr Ziel ist.
Schreiben Sie sich auch auf, was Sie an diesem Tag dazugelernt haben und was Sie in Zukunft noch besser machen können. Der daraus entstehende Lernprozess wird sich wie ein Turbo auf Ihre Zielerreichung auswirken.

4.3 Veränderungen durchführen!
Es ist ganz normal, dass man in seiner täglichen Arbeit Fehler macht. Man darf aber auf keinen Fall versäumen, diese Fehler zu korrigieren. Verändern Sie bitte, wenn nötig, jeden einzelnen Prozess – so lange, bis Sie das gewünschte Ergebnis erhalten.

Sollten Sie Ihr Tagesziel allzu leicht und frühzeitig erreichen, können Sie sich auch die Frage stellen, ob es nicht zu klein gewählt wurde und sie es besser erhöhen, um eine Veränderung herbeizuführen. Schrecken Sie in keinem Fall davor zurück, neue Möglichkeiten auszuprobieren, seien Sie konsequent – und das gewünschte Ergebnis wird sich einstellen.

4.4 Neue Überzeugungen/Glaubenssätze erschaffen

Nun haben Sie es geschafft! Wenn Sie alle hier erklärten Schritte konsequent durchgeführt haben, dann erzielen Sie Ergebnisse, die Sie noch nie zuvor erzielt haben. An jedem einzelnen Tag werden Sie sich verbessern, immer noch stärker, zielorientierter und effektiver werden.
Gerade am Anfang sollte nicht Ihr Endziel im Fokus stehen, sondern Ihre persönliche Entwicklung. Wenn Sie heute nur ein klein wenig besser sind als am Vortag und morgen ein klein wenig besser als heute, sind Sie auf dem richtigen Weg und werden zu den Gewinnern gehören.

Machen Sie sich immer wieder bewusst, dass Sie alles, was Sie erreichen, ganz allein durch Ihre Gedanken, Ihre Gefühle und Ihr Handeln erzeugt haben. Sie werden dann selbstbewusster mit Ihrem Erfolg umgehen und erkennen, dass Sie sehr viel mehr erreichen können, als Sie vielleicht bislang gedacht haben.

33-Tagesprogramm

Bevor Sie nun loslegen, möchte ich noch eines anmerken. Sie kennen nun die vier Schritte zum Erfolg mit jeweils vier Unterpunkten, die Sie dabei beachten müssen. In diesem Zusammenhang ist es wichtig zu wissen, dass man mit jedem Unterpunkt allein schon ein ganzes Tagesseminar füllen könnte. So gesehen wäre es nicht verwunderlich, sollten bei dem einen oder anderen Leser, der einen oder anderen Leserin Fragen offen geblieben sein.

Daher hier mein Hinweis: Sie haben dieses geballte Wissen auszugsweise erhalten, um es sofort anwenden und Ihre Möglichkeiten voll ausschöpfen zu können. Am Anfang sind Sie sich vielleicht noch nicht ganz sicher, wie das alles funktionieren soll. Aber das macht nichts aus! Denn diese Methode ist auch dann wirksam, wenn man sich noch nicht zu jedem einzelnen Detail fundiertes Wissen erworben hat.

Ein wenig ist es damit so wie beim elektrischen Strom: Vermutlich wissen die wenigsten Menschen ganz genau, wie er funktioniert. Dennoch kann ihn jeder täglich mit einer hundertprozentigen Zuverlässigkeit nutzen.

Weitere Informationen erhalten Sie auf www.jetzt-mein-neues-leben.de unter der Rubrik „Seminare".

Was viel entscheidender ist als alles theoretische Wissen: dass Sie alle die von mir genannten Punkte konsequent und täglich umsetzen! Denn dann werden sich Ihre Gewohnheiten verändern. Sie werden sich neue Muster aneignen und neue Rituale erschaffen. Das ist die Grundlage dafür, dass Sie alle Ihre Ziele erreichen.

Beachten Sie auch: Der Veränderungsprozess kennt kein Wochenende. Studien belegen, dass eine Unterbrechung von nur einem Tag Sie in alte Gewohnheitsmuster zurückfallen lässt. Sie stehen dann wieder ganz am Anfang Ihrer Aufgabe.

Das ist an sich kein Beinbruch. Ihnen muss nur bewusst sein, dass Sie in so einem Fall wieder ganz von vorne beginnen müssen, um eine nachhaltige Veränderung zu erreichen.

Wie lange dauert es nun, bis sich ein Veränderungsprozess vollzogen hat, bis eine neue Gewohnheit geschaffen wurde, die im Idealfall lebenslang erhalten bleibt? Das hängt ein wenig auch davon ab, wie intensiv die Veränderungen sind, die Sie durchführen wollen. Aber es gibt einen guten Richtwert: Experten gehen meist von etwa dreißig Tagen aus.

Ich empfehle Ihnen daher ein 33-Tagesprogramm. Auf den folgenden Seiten finden Sie die Formulare, auf denen Sie an jedem einzelnen dieser 33 Tage die vollzogenen Schritte festhalten können. So wird Ihr Erfolg für Sie sofort messbar.
Sollten Sie nach den 33 Tagen das Gefühl haben, dass Sie weiter protokollieren wollen, dann tun Sie es einfach.

Diese Vorgehensweise wird sich für Sie lohnen. Allein die Tatsache, dass Sie jede Ihrer Aktivitäten niederschreiben und kontrollieren, wird Ihre Erfolgschance erhöhen.
Auf der gegenüberliegenden Seite finden Sie ein Beispiel, wie ein Tagesprotokoll aussehen könnte.

Nun bleibt mir nur noch, Ihnen viel Spaß und rasches Vorwärtskommen auf Ihrem Erfolgsweg zu wünschen!!

Herzlichst
Ihr Robert Hess

---

*„Der Weg zu Ihrem Traum
hat neun Buchstaben:
Disziplin!"*

Wofür bin ich dankbar?
Gesundheit, Familie, Freunde
meine Möglichkeiten, meinen Beruf

Meine Affirmationen:
Bin ein Kundenmagnet, habe Kunden im Überfluss
Ich habe stetig steigende Umsatzzahlen

Ich habe heute meine Ziele *30 Min.* visualisiert.

Mein Tagwerk ist:
— *mind. 500 € Provisionseinnahmen*
— *2 Stunden Terminierungsgespräche;*
  angestrebtes Ergebnis: mind. 3 Kundentermine
— *3 Kundentermine durchführen*
  angestrebtes Ergebnis: 2 Termine erfolgreich

Was habe ich heute besonders gut gemacht?
— *Präsentation meines Produkts*
— *Lob von Kunden erhalten!*

Was habe ich heute dazugelernt / kann ich ab sofort verbessern?
— *Einwandbehandlung!*
— *Zeitmanagement*
— *konsequenter sein*

Mein heutiges Ergebnis:
— *680 € Provisionseinnahmen*
— *5 neue Kundentermine vereinbart*
— *3 erfolgreiche Kundentermine*

WWW.JETZT-MEIN-NEUES-LEBEN.DE

MUSTER

DATUM:
11.01.2016

TAG 1

DATUM: _____

Wofür bin ich dankbar?
_____
_____

Meine Affirmationen:
_____
_____

Ich habe heute meine Ziele _____ **visualisiert.**

Mein Tagwerk ist:
_____
_____
_____
_____

Was habe ich heute besonders gut gemacht?
_____
_____

Was habe ich heute dazugelernt/kann ich ab sofort verbessern?
_____
_____
_____

Mein heutiges Ergebnis:
_____
_____
_____

Wofür bin ich dankbar?

_____
_____

Meine Affirmationen:

_____
_____

Ich habe heute meine Ziele _____ visualisiert.

Mein Tagwerk ist:

_____
_____
_____
_____

Was habe ich heute besonders gut gemacht?

_____
_____

Was habe ich heute dazugelernt / kann ich ab sofort verbessern?

_____
_____
_____

Mein heutiges Ergebnis:

_____
_____
_____

33-Tagesprogramm

TAG 2

DATUM:

WWW.JETZT-MEIN-NEUES-LEBEN.DE

TAG 3

DATUM:

Wofür bin ich dankbar?

Meine Affirmationen:

Ich habe heute meine Ziele _____ visualisiert.

Mein Tagwerk ist:

Was habe ich heute besonders gut gemacht?

Was habe ich heute dazugelernt/kann ich ab sofort verbessern?

Mein heutiges Ergebnis:

Wofür bin ich dankbar?

Meine Affirmationen:

Ich habe heute meine Ziele _____ visualisiert.

Mein Tagwerk ist:

Was habe ich heute besonders gut gemacht?

Was habe ich heute dazugelernt/kann ich ab sofort verbessern?

Mein heutiges Ergebnis:

33-Tagesprogramm

TAG 4

DATUM:

Wofür bin ich dankbar?
_____
_____

Meine Affirmationen:
_____
_____

Ich habe heute meine Ziele _____ visualisiert.

Mein Tagwerk ist:
_____
_____
_____
_____

Was habe ich heute besonders gut gemacht?
_____
_____

Was habe ich heute dazugelernt/kann ich ab sofort verbessern?
_____
_____
_____
_____

Mein heutiges Ergebnis:
_____
_____
_____
_____

TAG 5

DATUM:

Wofür bin ich dankbar?
_____
_____

Meine Affirmationen:
_____
_____

Ich habe heute meine Ziele _____ visualisiert.

Mein Tagwerk ist:
_____
_____
_____
_____
_____

Was habe ich heute besonders gut gemacht?
_____
_____

Was habe ich heute dazugelernt/kann ich ab sofort verbessern?
_____
_____
_____
_____

Mein heutiges Ergebnis:
_____
_____
_____
_____

33-Tagesprogramm

TAG 6

DATUM:

Wofür bin ich dankbar?

Meine Affirmationen:

Ich habe heute meine Ziele _____ visualisiert.

Mein Tagwerk ist:

Was habe ich heute besonders gut gemacht?

Was habe ich heute dazugelernt/kann ich ab sofort verbessern?

Mein heutiges Ergebnis:

TAG 7

DATUM:

Wofür bin ich dankbar?
_____
_____

Meine Affirmationen:
_____
_____

Ich habe heute meine Ziele _____ visualisiert.

Mein Tagwerk ist:
_____
_____
_____
_____

Was habe ich heute besonders gut gemacht?
_____
_____

Was habe ich heute dazugelernt/kann ich ab sofort verbessern?
_____
_____
_____
_____

Mein heutiges Ergebnis:
_____
_____
_____
_____

33-Tagesprogramm

TAG 8

DATUM:

WWW.JETZT-MEIN-NEUES-LEBEN.DE

TAG 9

DATUM:

Wofür bin ich dankbar?

Meine Affirmationen:

Ich habe heute meine Ziele _____ visualisiert.

Mein Tagwerk ist:

Was habe ich heute besonders gut gemacht?

Was habe ich heute dazugelernt/kann ich ab sofort verbessern?

Mein heutiges Ergebnis:

Wofür bin ich dankbar?
_____
_____

Meine Affirmationen:
_____
_____

Ich habe heute meine Ziele _____ visualisiert.

Mein Tagwerk ist:
_____
_____
_____
_____
_____

Was habe ich heute besonders gut gemacht?
_____
_____

Was habe ich heute dazugelernt/kann ich ab sofort verbessern?
_____
_____
_____
_____

Mein heutiges Ergebnis:
_____
_____
_____
_____

33-Tagesprogramm

TAG 10

DATUM:

Wofür bin ich dankbar?

Meine Affirmationen:

Ich habe heute meine Ziele _____ visualisiert.

Mein Tagwerk ist:

Was habe ich heute besonders gut gemacht?

Was habe ich heute dazugelernt/kann ich ab sofort verbessern?

Mein heutiges Ergebnis:

TAG 11

DATUM:

Wofür bin ich dankbar?

Meine Affirmationen:

Ich habe heute meine Ziele _____ visualisiert.

Mein Tagwerk ist:

Was habe ich heute besonders gut gemacht?

Was habe ich heute dazugelernt/kann ich ab sofort verbessern?

Mein heutiges Ergebnis:

33-Tagesprogramm

TAG 12

DATUM:

TAG 13

DATUM:

Wofür bin ich dankbar?

Meine Affirmationen:

Ich habe heute meine Ziele _____ visualisiert.

Mein Tagwerk ist:

Was habe ich heute besonders gut gemacht?

Was habe ich heute dazugelernt/kann ich ab sofort verbessern?

Mein heutiges Ergebnis:

Wofür bin ich dankbar?
___
___

Meine Affirmationen:
___
___

Ich habe heute meine Ziele _____ visualisiert.

Mein Tagwerk ist:
___
___
___
___
___

Was habe ich heute besonders gut gemacht?
___
___

Was habe ich heute dazugelernt/kann ich ab sofort verbessern?
___
___
___
___

Mein heutiges Ergebnis:
___
___
___
___

33-Tagesprogramm

TAG 14

DATUM:

TAG 15

DATUM:

Wofür bin ich dankbar?

Meine Affirmationen:

Ich habe heute meine Ziele _____ visualisiert.

Mein Tagwerk ist:

Was habe ich heute besonders gut gemacht?

Was habe ich heute dazugelernt / kann ich ab sofort verbessern?

Mein heutiges Ergebnis:

Wofür bin ich dankbar?

Meine Affirmationen:

Ich habe heute meine Ziele _____ visualisiert.

Mein Tagwerk ist:

Was habe ich heute besonders gut gemacht?

Was habe ich heute dazugelernt/kann ich ab sofort verbessern?

Mein heutiges Ergebnis:

33-Tagesprogramm

TAG 16

DATUM:

TAG 17

DATUM:

Wofür bin ich dankbar?

Meine Affirmationen:

Ich habe heute meine Ziele _____ visualisiert.

Mein Tagwerk ist:

Was habe ich heute besonders gut gemacht?

Was habe ich heute dazugelernt/kann ich ab sofort verbessern?

Mein heutiges Ergebnis:

Wofür bin ich dankbar?
_____
_____

Meine Affirmationen:
_____
_____

Ich habe heute meine Ziele _____ visualisiert.

Mein Tagwerk ist:
_____
_____
_____
_____
_____

Was habe ich heute besonders gut gemacht?
_____
_____

Was habe ich heute dazugelernt/kann ich ab sofort verbessern?
_____
_____
_____
_____

Mein heutiges Ergebnis:
_____
_____
_____
_____

33-Tagesprogramm

TAG 18

DATUM:
_____

TAG 19

DATUM:

Wofür bin ich dankbar?
_____
_____

Meine Affirmationen:
_____
_____

Ich habe heute meine Ziele _____ visualisiert.

Mein Tagwerk ist:
_____
_____
_____
_____
_____

Was habe ich heute besonders gut gemacht?
_____
_____

Was habe ich heute dazugelernt/kann ich ab sofort verbessern?
_____
_____
_____
_____

Mein heutiges Ergebnis:
_____
_____
_____
_____

Wofür bin ich dankbar?

Meine Affirmationen:

Ich habe heute meine Ziele _____ visualisiert.

Mein Tagwerk ist:

Was habe ich heute besonders gut gemacht?

Was habe ich heute dazugelernt/kann ich ab sofort verbessern?

Mein heutiges Ergebnis:

33-Tagesprogramm

TAG 20

DATUM:

TAG 21

DATUM: _____

Wofür bin ich dankbar?
_____
_____

Meine Affirmationen:
_____
_____

Ich habe heute meine Ziele _____ visualisiert.

Mein Tagwerk ist:
_____
_____
_____
_____
_____

Was habe ich heute besonders gut gemacht?
_____
_____

Was habe ich heute dazugelernt/kann ich ab sofort verbessern?
_____
_____
_____
_____

Mein heutiges Ergebnis:
_____
_____
_____
_____

Wofür bin ich dankbar?
_____
_____

Meine Affirmationen:
_____
_____

Ich habe heute meine Ziele _____ visualisiert.

Mein Tagwerk ist:
_____
_____
_____
_____
_____

Was habe ich heute besonders gut gemacht?
_____
_____

Was habe ich heute dazugelernt/kann ich ab sofort verbessern?
_____
_____
_____
_____

Mein heutiges Ergebnis:
_____
_____
_____
_____

33-Tagesprogramm

TAG 22

DATUM:

TAG 23

DATUM:

Wofür bin ich dankbar?
_____
_____

Meine Affirmationen:
_____
_____

Ich habe heute meine Ziele _____ visualisiert.

Mein Tagwerk ist:
_____
_____
_____
_____
_____

Was habe ich heute besonders gut gemacht?
_____
_____

Was habe ich heute dazugelernt/kann ich ab sofort verbessern?
_____
_____
_____
_____

Mein heutiges Ergebnis:
_____
_____
_____
_____

Wofür bin ich dankbar?
_____
_____

Meine Affirmationen:
_____
_____

Ich habe heute meine Ziele _____ visualisiert.

Mein Tagwerk ist:
_____
_____
_____
_____
_____

Was habe ich heute besonders gut gemacht?
_____
_____

Was habe ich heute dazugelernt/kann ich ab sofort verbessern?
_____
_____
_____
_____

Mein heutiges Ergebnis:
_____
_____
_____
_____

33-Tagesprogramm

TAG 24

DATUM:

Wofür bin ich dankbar?

Meine Affirmationen:

Ich habe heute meine Ziele _____ visualisiert.

Mein Tagwerk ist:

Was habe ich heute besonders gut gemacht?

Was habe ich heute dazugelernt/kann ich ab sofort verbessern?

Mein heutiges Ergebnis:

TAG 25

DATUM:

Wofür bin ich dankbar?
_____
_____

Meine Affirmationen:
_____
_____

Ich habe heute meine Ziele _____ visualisiert.

Mein Tagwerk ist:
_____
_____
_____
_____

Was habe ich heute besonders gut gemacht?
_____
_____

Was habe ich heute dazugelernt/kann ich ab sofort verbessern?
_____
_____
_____
_____

Mein heutiges Ergebnis:
_____
_____
_____
_____

33-Tagesprogramm

Tag 26

Datum:

TAG 27

DATUM:

Wofür bin ich dankbar?

Meine Affirmationen:

Ich habe heute meine Ziele _____ visualisiert.

Mein Tagwerk ist:

Was habe ich heute besonders gut gemacht?

Was habe ich heute dazugelernt/kann ich ab sofort verbessern?

Mein heutiges Ergebnis:

Wofür bin ich dankbar?
_____
_____

Meine Affirmationen:
_____
_____

Ich habe heute meine Ziele _____ visualisiert.

Mein Tagwerk ist:
_____
_____
_____
_____

Was habe ich heute besonders gut gemacht?
_____
_____

Was habe ich heute dazugelernt/kann ich ab sofort verbessern?
_____
_____
_____
_____

Mein heutiges Ergebnis:
_____
_____
_____
_____

WWW.JETZT-MEIN-NEUES-LEBEN.DE

33-Tagesprogramm

TAG 28

DATUM:

TAG 29

DATUM:

Wofür bin ich dankbar?

Meine Affirmationen:

Ich habe heute meine Ziele _____ visualisiert.

Mein Tagwerk ist:

Was habe ich heute besonders gut gemacht?

Was habe ich heute dazugelernt/kann ich ab sofort verbessern?

Mein heutiges Ergebnis:

Wofür bin ich dankbar?
_____
_____

Meine Affirmationen:
_____
_____

Ich habe heute meine Ziele _____ visualisiert.

Mein Tagwerk ist:
_____
_____
_____
_____

Was habe ich heute besonders gut gemacht?
_____
_____

Was habe ich heute dazugelernt/kann ich ab sofort verbessern?
_____
_____
_____
_____

Mein heutiges Ergebnis:
_____
_____
_____
_____

33-Tagesprogramm

Tag 30

Datum:

TAG 31

DATUM:

Wofür bin ich dankbar?

Meine Affirmationen:

Ich habe heute meine Ziele _____ visualisiert.

Mein Tagwerk ist:

Was habe ich heute besonders gut gemacht?

Was habe ich heute dazugelernt/kann ich ab sofort verbessern?

Mein heutiges Ergebnis:

Wofür bin ich dankbar?

Meine Affirmationen:

Ich habe heute meine Ziele _____ visualisiert.

Mein Tagwerk ist:

Was habe ich heute besonders gut gemacht?

Was habe ich heute dazugelernt/kann ich ab sofort verbessern?

Mein heutiges Ergebnis:

33-Tagesprogramm

TAG 32

DATUM:

TAG 33

DATUM:

Wofür bin ich dankbar?

Meine Affirmationen:

Ich habe heute meine Ziele _____ visualisiert.

Mein Tagwerk ist:

Was habe ich heute besonders gut gemacht?

Was habe ich heute dazugelernt/kann ich ab sofort verbessern?

Mein heutiges Ergebnis: